ANALIZA KSIĄŻKI

AF131736

Imię róży

· · · · · · · · · · · · · · · · ·

UMBERTO ECO

ANALIZA KSIĄŻKI

Napisany przez Claire Mathot
Przetłumaczony przez Kâmil Kowalski

Imię róży

Umberto Eco

UMBERTO ECO

WŁOSKI POWIEŚCIOPISARZ I ESEISTA

- **Urodził się w Alessandrii (Włochy) w 1932 roku.**

- **Zmarł w Mediolanie w 2016 roku.**

- **Godne uwagi prace:**

  - *Wahadło Foucaulta* (1988), powieść

  - *Wyspa sprzed dnia* (1994), powieść

  - *Historia piękna* (2004), esej

Włoski pisarz Umberto Eco był płodnym autorem powieści i esejów, a jego twórczość zdobyła uznanie i rozgłos na całym świecie. Z wykształcenia był lingwistą i specjalizował się w semiotyce (badaniu znaków i ich znaczeń), filozofii i literaturze.

Jego powieści, m.in. *Imię róży* i *Wahadło Foucaulta*, umiejętnie łączą intrygę detektywistyczną z odniesieniami literackimi i historycznymi. Publikuje również prace bardziej filozoficzne, takie jak *Historia piękna* i *O brzydocie* (2007), w których analizując rzeźby, obrazy i dzieła literackie od starożytności po współczesność, pokazuje, jak ewoluowały pojęcia piękna i brzydoty na przestrzeni dziejów.

IMIĘ RÓŻY

ŚREDNIOWIECZNA OPOWIEŚĆ DETEKTYWISTYCZNA

- **Gatunek:** powieść
- **Wydanie referencyjne:** Eco, U. (2004) *Imię róży*. London: Vintage.
- Pierwsze **wydanie:** 1980
- **Tematyka:** morderstwo, śledztwo, labirynt, biblioteka, historia średniowiecza, religia, trucizna

Imię róży było pierwszą powieścią Umberto Eco.

Akcja rozgrywa się na początku XIV wieku i śledzi losy Williama z Baskerville i jego skryby Adso z Melku, którzy podróżują do Włoch w czasie religijnej niezgody. Podczas ich pobytu w opactwie, ciąg morderstw burzy spokój wspólnoty. Wilhelm i Adso próbują rozwiązać te zbrodnie, jak również wiele tajemnic otaczających bibliotekę opactwa. Ich śledztwo wciąga ich w labirynt biblioteki opactwa, gdzie szukają tajemniczej księgi.

STRESZCZENIE

Eco twierdzi, że *Imię róży* oparte jest na manuskrypcie zawierającym wspomnienia Adso z Melku, młodego mnicha benedyktyńskiego (benedyktyni to zakon, który przywiązuje dużą wagę do pracy intelektualnej i fizycznej, w tym do kopiowania manuskryptów). Jako młody człowiek Adso został wysłany do Włoch, gdzie został skrybą i uczniem Wilhelma z Baskerville, mnicha franciszkańskiego (zakon, którego członkowie są związani ślubem ubóstwa). Adso i William przeżywają razem serię niezwykłych wydarzeń w opactwie w północnych Włoszech pod koniec 1327 roku.

ZAGADKOWA ŚMIERĆ

Wilhelm i Adso przybywają do położonego na górze zamożnego opactwa benedyktyńskiego. Zostają powitani przez opata i wyjaśniają mu powód swojej wizyty: Wilhelm został wysłany na spotkanie z przełożonymi benedyktynów, aby dowiedzieć się, którzy z nich popierają cesarza. Opat podejrzewa Remigio o przynależność do heretyckiej sekty (czyli sekty, która została potępiona przez Kościół, ponieważ jej przekonania są postrzegane jako sprzeczne z prawdziwą wiarą) i wyraża stanowczy sprzeciw wobec tych sekt: "Zabijcie ich wszystkich; Bóg rozpozna swoich" (s. 145). Prosi również Williama i Adso o zbadanie śmierci Adelmo: spadł on z jednej z wież biblioteki pewnej burzliwej nocy, ale pozostaje niejasne, czy było to samobójstwo czy morderstwo.

Opat daje Williamowi wolną rękę w prowadzeniu śledztwa: otrzymuje on pozwolenie na przesłuchiwanie innych mnichów i badanie wszystkich miejsc w opactwie z wyjątkiem biblioteki, mimo że jest to miejsce, w którym doszło do zbrodni i, jak William szybko się orientuje, klucz do zrozumienia wydarzeń. Tylko nieliczni mogą wejść do biblioteki, która "broni się sama" (s. 30); jeśli wierzyć plotkom, jest chroniona magią. Jednak, mimo że dostęp do biblioteki jest ściśle określony, piętro, na którym się ona znajduje, jest często oświetlone w nocy.

ROZPOCZYNA SIĘ DOCHODZENIE

Wilhelm i Adso rozpoczynają swoje śledztwo od spotkania z Ubertino z Casale (włoski franciszkanin, 1259-1329), z którym omawiają podziały, jakie powstały w zakonie benedyktynów z powodu ruchów ekstremistycznych. Następnie przesłuchują zielarza Severinusa, aby dowiedzieć się, czy upadek Adelmo mógł być spowodowany halucynacjami po spożyciu pewnych ziół.

Następnie udają się do skryptorium, gdzie mnisi kopiują manuskrypty, i zostają przywitani przez Malachiasza, bibliotekarza. William zbiera informacje o ilustracjach Aldemo. Kiedy wybuchają śmiechy, obrażający się mnisi zostają surowo upomniani przez Jorge, starszego, niewidomego mnicha, i rozpoczyna się debata na temat roli śmiechu. Następnie obaj śledczy udają się do kuźni, gdzie przesłuchują Mikołaja, mistrza szklarskiego opactwa.

DRUGIE MORDERSTWO

Następnego dnia, podczas pierwszych modlitw, przerażeni słudzy wpadają do kościoła i informują mnichów, że znaleźli ciało Wenancjusza w misce wypełnionej świńską krwią. Obaj śledczy dowiadują się, że zarówno Adelmo, jak i Wenancjusz złożyli prośbę Berengarowi, pomocnikowi bibliotekarza, i spotykają Alinarda, który mówi im, że do biblioteki można się dostać przez ossarium. Obserwując bibliotekę z zewnątrz, Wilhelmowi udaje się wywnioskować jej układ.

Później Benno mówi Williamowi i Adso, że Berengar był zakochany w Adelmo i że Adelmo zrobiłby wszystko, aby dostać w swoje ręce konkretną książkę, której szukał przez wiele lat. Tej nocy obaj śledczy zakradają się do skryptorium, a William zauważa ciekawy pergamin z zakodowaną wiadomością leżący na stole Venantiusa. Przeszkadza im tajemniczy nocny gość (Berengar), który kradnie dwie księgi i okulary Williama.

Następnie wchodzą do biblioteki, która jest całkowicie labiryntowa. Nad wejściem do każdego pomieszczenia wypisany jest werset z Apokalipsy (ostatniej księgi Biblii, znanej bardziej jako Księga Apokalipsy). Szybko orientują się, że układ biblioteki oparty jest na geografii, z obszarami dla Anglii, Hiszpanii, Afryki i tak dalej, ale nie udaje im się dostać do tajnego pokoju *finis Africae*.

ŚMIERTELNA TRUCIZNA

Rano słyszą, że Berengar zniknął, a wkrótce potem odkrywają jego ciało w łaźni. Kiedy Wilhelm i Severinus badają ciało, widzą, że czubki palców Berengara są brązowe, tak jak u poprzedniej ofiary. Severinus wie, jaka trucizna stoi za tym zjawiskiem: zniknęła ona z jego laboratorium po burzy.

Adso spotyka Salvatore i wypytuje go o heretyka, Fra Dolcino. Wilhelm korzysta z okazji, by wyjaśnić Adso, że heretycy mają swoje dobre i złe strony, tak jak wszyscy inni, a główną motywacją papieża do ich potępienia jest to, że stanowią dla niego zagrożenie polityczne. To jednak nie zaspokaja ciekawości Adso na temat herezji, a kiedy prosi Ubertino o wyjaśnienia na temat Fra Dolcino, dowiaduje się, że ten ostatni krytykował Kościół i zainspirował powszechny bunt, który został brutalnie stłumiony. Wilhelm i Adso przesłuchują następnie Remigio, byłego ucznia Dolcino.

KSIĄŻKA I JEJ TAJEMNICE

W kuchni młoda kobieta uwodzi Adso, a oni spędzają noc razem. Wilhelm gani przyjaciela, gdy ten opowiada mu o swoich nocnych wyczynach, ale usprawiedliwia się, bo wie, że dziewczyna była biedną wieśniaczką, która prostytuowała się, by wyżywić rodzinę. Omawiając postępy w śledztwie, uświadamiają sobie, że morderstwa odpowiadają fragmentom Apokalipsy. Co więcej, Wilhelm w pełni rozszyfrował wiadomość pozostawioną przez Wenancjusza i teraz wie, że morderca próbuje zapobiec wyjściu na jaw pewnych tajemnic, zawartych w księdze.

Do opactwa przybywa delegacja franciszkanów. Uważają oni, że postępowanie papieża Jana XXII (1245-1334) nie przystoi jego roli, gdyż stale gromadzi on bogactwa i postanowił nałożyć podatek na grzeszników. Następnie przybywa delegacja z Awinionu, której przewodzi dominikanin Bernard Gui.

Obie grupy spotykają się, by dyskutować o ubóstwie Chrystusa, jego statusie i stosunku zakonów do heretyków. Bernard Gui aresztuje Salvatore i kobietę oskarżoną o bycie czarownicą.

TAJEMNICE BIBLIOTEKI

Tymczasem Severinus zdaje sobie sprawę, że Berengar musiał udać się do szpitala przed pójściem do łaźni, ponieważ znajduje w swoim laboratorium książkę, którą pomocnik bibliotekarza ukradł ze skryptorium. W laboratorium zostaje jednak znalezione ciało Severinusa, ale książki już nie ma. Podejrzenia natychmiast padają na Remigio, który zostaje aresztowany. Jego proces prowadzi Bernard Gui, który jest przekonany o jego winie i brutalnie go przesłuchuje.

William podejrzewa Benno o bycie złodziejem, gdyż wie, że jest on gotów zrobić wszystko, by odkryć tajemnice zawarte w książkach biblioteki. Jednak Benno został właśnie mianowany asystentem bibliotekarza: teraz, gdy ma związki z biblioteką, nie może rozmawiać o manuskryptach.

Nicholas, mistrz szklarski, mówi Williamowi i Adso, że mianowanie każdego nowego asystenta bibliotekarza spotkało się z krytyką. W drodze powrotnej do skryptorium William zaczyna się zastanawiać, czy motywem morderstw może być ostra rywalizacja o stanowisko. Ostrzega opata, że jego życie jest w niebezpieczeństwie, gdyż zna tajemnice biblioteki.

Następnego dnia, podczas porannych modlitw, Malachi zatacza się do kościoła, po czym upada. William zauważa, że jego język jest czarny, co jest znakiem, że został otruty, i zdaje sobie sprawę, że wszystkie ofiary znały grekę.

ROZWIĄZYWANIE ZAGADEK

William i Adso idą w nocy do biblioteki i orientują się, że ktoś jest w środku. W końcu udaje im się dostać do tajnego pomieszczenia, gdzie znajdują Jorge. Niewidomy mnich zatruł książkę zawierającą kilka dzieł (w tym *Poetykę* Arystotelesa [grecki filozof, 384-322 p.n.e.]), które omawiają znaczenie boskiego śmiechu, aby uniemożliwić komukolwiek ujawnienie tej informacji.

Okazuje się, że wszystkie ofiary zmarły z powodu kontaktu z tą książką, oprócz Adelmo, który popełnił samobójstwo po usłyszeniu jej treści, zanim Jorge zatruł manuskrypt. Trucizna zabiła osoby, które dotknęły stron księgi, a mianowicie Wenancjusza, Berengara i Malachiasza. Severinus został zabity przez Malachiasza, który był zakochany w Berengarze i uważał, że ten ostatni był mu niewierny z Adelmo i Severinusem.

Po opowiedzeniu im wszystkiego Jorge popełnia samobójstwo, zjadając zatrute strony księgi. Wilhelm i Adso próbują uratować manuskrypt, ale spada lampa i podpala bibliotekę i całe opactwo.

William i Adso opuszczają opactwo i idą swoimi drogami. Po latach Adso wraca i zbiera wszystkie strony, które może.

STUDIUM POSTACI

LUDZIE ZE ŚWIATA POZA OPACTWEM

Adso z Melku

Adso z Melku, narrator opowieści, jest starszym mnichem benedyktyńskim w klasztorze w Melku w Austrii. Zbliżając się do końca życia, pisze po łacinie manuskrypt, w którym opowiada jedno ze swoich formacyjnych doświadczeń – siedmiodniową przygodę w opactwie w północnych Włoszech. Jego celem jest pozostawienie relacji z tej przygody dla przyszłych pokoleń, bez wydawania osądu na jej temat. Eco twierdzi, że rękopis ten był następnie tłumaczony na wiele różnych języków przez różnych pisarzy, a on sam podjął się przetłumaczenia go na język włoski w XX wieku.

W 1327 roku, kiedy był nowicjuszem w klasztorze w Melku, ojciec Adso zabrał go do Włoch, gdzie poznał Wilhelma z Baskerville i został jego skrybą i uczniem. Mimo młodego wieku Adso stara się zrozumieć zawirowania tamtego okresu, a mądrego i wnikliwego Wilhelma bierze za wzór do naśladowania, dzięki czemu rozwija swoje umiejętności krytycznego myślenia. Jest posłuszny, nienasycenie ciekawy i zawsze chętny, aby wiedzieć więcej, i podąża za Williamem wszędzie podczas pieprzenie go z pytań. Jego młodość oznacza, że jest bardzo podatny na wrażenia i jest zafascynowany gorliwością niektórych mnichów, która doprowadziła ich do morderstwa i herezji, a także mistycyzmem, praktykowanym przez Ubertino.

Adso wiele się uczy dzięki swojemu pobytowi w opactwie: odkrywa namiętności rządzące ludzkością, czyli miłość, nienawiść i niszczycielską siłę pychy, a także lepiej rozumie religijne i polityczne problemy swoich czasów, w tym konflikty między papieżami a świeckimi przywódcami, różne formy herezji oraz inkwizycję (instytucję sądowniczą Kościoła katolickiego powołaną do zwalczania herezji).

William z Baskerville

Wilhelm z Baskerville jest uczonym franciszkańskim mnichem, a Adso z Melku został oddany pod jego opiekę, co czyni go czymś w rodzaju ojca dla młodego nowicjusza. Ma około 50 lat i jest opisywany jako wysoki i bardzo szczupły, o żywym spojrzeniu. Pomimo okazjonalnych apatii, jest on ogólnie bardzo energicznym człowiekiem.

Wcześniej pełnił funkcję inkwizytora we Francji i Anglii, ale porzucił tę funkcję i przybył do opactwa, aby spotkać się z delegacją franciszkanów i wziąć udział w debacie teologicznej na temat ubóstwa Chrystusa. Celem delegacji jest uzgodnienie stanowiska ich zakonu wobec nowego papieża w Awinionie. Jest to kwestia bardzo delikatna, gdyż grozi wywołaniem schizmy w Kościele.

Wilhelm jest znany wśród mnichów ze swojej inteligencji, sprytu i ciekawości. Opat Abo prosi go o rozwiązanie zagadki morderstwa Adelma, a żeby ułatwić mu zadanie, daje mu pozwolenie na rozmowę z każdym i swobodne poruszanie się po opactwie. Jego podejście do zagadki jest bardzo racjonalne, inspiruje się jednym ze swoich przyjaciół, angielskim filozofem i teologiem Williamem z Ockham (1285-1349), który uważa, że każdy problem można rozwiązać za pomocą logiki. Jednym z głównych celów, jakie stawia sobie podejmując się śledztwa, jest racjonalne rozwiązanie sprawy, a tym samym pokazanie innym mnichom, że nie ma powodu, by zakładać, że za wszystkim stoi diabeł, choć motywuje go również poczucie intelektualnej dumy.

Eco czerpał inspirację dla postaci Wilhelma z dwóch postaci, jednej rzeczywistej i jednej fikcyjnej. Są to odpowiednio Sherlock Holmes (główny bohater powieści Arthura Conan Doyle'a [1859-1930]) i Wilhelm z Ockham, co wyraźnie ilustruje wartość, jaką przykładał do racjonalnego, logicznego myślenia

Bernard Gui (znany również jako Bernardo Guidoni)

Ten bohater to postać historyczna, która istniała naprawdę. Był dominikańskim mnichem i inkwizytorem, a w powieści zajmuje się przywracaniem porządku w klasztorze. Jest obłudny, sarkastyczny i dominujący, a kiedy prowadzi proces Remigio, jest tak przekonany o jego winie, że nie ma skrupułów, aby sfabrykować dowody przeciwko niemu. To przerażająca postać, która lubi afiszować się swoją władzą i wzbudzać strach u innych.

POSTACIE Z OPACTWA

Opat Abo

Abo jest głową opactwa franciszkańskiego i prosi Williama o rozwiązanie zagadki śmierci Adelmo. Jest dumny z bogactwa zdobytego przez klasztor i zajmuje twarde stanowisko, jeśli chodzi o heretyków, posuwając się nawet do stwierdzenia, że powinni zostać straceni. Jest przytłoczony wydarzeniami rozgrywającymi się w jego opactwie, martwi się o jego reputację, stara się zachować porządek i spokój.

Jorge z Burgos

Jorge jest drugim co do wieku mnichem w opactwie i jest niewidomy. Jest szanowany przez innych mnichów, którzy są pod wrażeniem jego wieku i mądrości, a on sam służy jako spowiednik dla wielu z nich. Mocno wierzy w reguły klasztorne i nie godzi się na ich nieprzestrzeganie. Na przykład stanowczo sprzeciwia się śmiechom i czczej gadaninie, na które według niego nie ma miejsca w opactwie.

Szczególnie negatywnie ocenia śmiech: według niego jest on dopuszczalny dla biednych, ale całkowicie nieodpowiedni dla wykształconych elit (mnichów), ponieważ jeśli nabiorą oni nawyku śmiania się, stracą szacunek i strach przed wszystkim, co powinni uważać za najświętsze, np. przed Bogiem. Dlatego też postrzega on śmiech jako niebezpieczny dla mnichów.

W końcu dowiadujemy się, że Jorge jest odpowiedzialny za morderstwa popełnione w opactwie. Rozsypał truciznę na stronach drugiego tomu "*Poetyki*" Arystotelesa, która za temat obiera komedię (a więc śmiech), tak by każdy zbyt ciekawski mnich mógł się otruć. Jest tak przekonany, że ta wiedza o śmiechu jest niebezpieczna, że woli zjeść strony książki, wiedząc, że trucizna go zabije, niż zobaczyć ich zawartość.

Salvatore of Montferrat

Salvatore cierpi na chorobę i posługuje się wyimaginowanym językiem złożonym ze wszystkich znanych mu języków. Po przeżyciu masakry błąka się bez celu, udając chorego lub biednego, aby ludzie się nad nim zlitowali, zanim wstąpił do zakonu. Zostaje aresztowany przez Bernarda Gui za rzekome uprawianie magii i rozmowy z czarownicą. Pod pewnymi względami przypomina zwierzę.

Ubertino z Casale

Ubertino to kolejna postać, która istniała naprawdę. Opisywany jest jako ekscentryczny starzec i należy do ruchu, który opowiada się za zreformowaniem zakonu dominikanów, tak aby był on bardziej zgodny z naukami Chrystusa, w szczególności poprzez praktykowanie ubóstwa. Zna się na ruchach heretyckich i zajmuje wobec nich twarde stanowisko.

Remigio z Varagine

Ten postawny mężczyzna jest piwnicznym opactwa, co oznacza, że jest odpowiedzialny za żywność i zapasy. Wcześniej należał do grupy heretyków, której przewodził Fra Dolcino. Chociaż wstąpił do opactwa dobrowolnie, nie podziela przekonań religijnych zakonu i nie dotrzymuje ślubu czystości. Jest głównym podejrzanym w sprawie zabójstwa Severinusa.

Benno z Uppsali

Według Wilhelma, Benno "ma żądzę wiedzy" (s. 387) i oddałby wszystko, by poznać sekrety biblioteki. To skłania go do wykradzenia książki Severinusowi, a wkrótce potem zostaje mianowany pomocnikiem bibliotekarza w miejsce zamordowanego Berengara. Jako strażnik biblioteki nie może już zdradzić żadnych informacji na temat manuskryptów.

OFIARY

Adelmo z Otranto

Ten młody mnich, odpowiedzialny za iluminacje (ilustracje manuskryptów), ginie jako pierwszy: spada z wieży biblioteki podczas burzy śnieżnej w środku nocy. Nie wiadomo, czy popełnił samobójstwo, czy został zamordowany.

Wenancjusz z Salwadoru

Druga ofiara jest znawcą języka greckiego. W noc przed śmiercią pokłócił się z Jorge o śmiech.

Jego ciało zostaje znalezione w pojemniku pełnym świńskiej krwi. Został zabity, ponieważ podsłuchał rozmowę między Adelmo i Berengarem oraz dlatego, że trzymał w ręku książkę.

Berengar z Arundel

Berengar jest pomocnikiem bibliotekarza i staje się trzecią ofiarą morderstwa. Ponieważ cierpi na konwulsje, często bierze ciepłe kąpiele, aby je uspokoić. To właśnie tam zostaje znaleziony martwy podczas trzeciej nocy opowieści. Został zamordowany, ponieważ ukradł książkę, uniemożliwiając Williamowi zrozumienie, dlaczego jej zawartość doprowadziła Adelmo do samobójstwa, co pozwoliłoby mu szybciej rozwiązać zagadkę.

Severinus z Sankt Wendel

Jako zielarz opactwa, Severinus zajmuje się łaźniami, szpitalem i ogrodem warzywnym. Doskonale zna się na truciznach i pomaga Wilhelmowi w badaniu ciał ofiar. Odkrywa księgę skradzioną przez Berengara, ale piątego dnia zostaje zamordowany przez Malachiasza. On i William są jedynymi bohaterami, którzy rozpracowują śmiertelną tajemnicę księgi.

Malachiasz z Hildesheimu

Malachi kieruje biblioteką i bardzo pilnuje, by chronić jej tajemnice. Jest zakochany w Berengarze, ale kiedy podejrzewa, że Berengar był mu niewierny, daje Bernardowi Gui listy, które napisał o heretykach. Kiedy Benno przynosi mu skradzioną książkę, jego ciekawość kończy się śmiercią.

ANALIZA

POWIEŚĆ HYBRYDOWA

Gatunek jest ważnym elementem historii literatury, ponieważ zaklasyfikowanie powieści do określonego nurtu pozwala nam lepiej zrozumieć jej cechy, wpływy i oddziaływanie. Jednak niektóre powieści, takie jak *Imię róży*, wymykają się prostej kategoryzacji.

Powieść ma cechy co najmniej trzech gatunków, a mianowicie powieści detektywistycznej, powieści historycznej i *Bildungsroman*, zwanej też powieścią o dojrzewaniu.

Imię róży dzieli główne cechy powieści detektywistycznej:

• Poszukiwania bohaterów koncentrują się nie na przyszłości, ale na przeszłości (zbrodni, która zwykle zostaje popełniona przed rozpoczęciem narracji). Postać badająca zbrodnię musi prawidłowo zinterpretować znalezione wskazówki, aby domyślić się, co się stało i wskazać sprawcę.

• Śledztwo jest w centrum opowieści, co oznacza, że niektóre z jej postaci pasują do jasno określonych ról (ofiara, sprawca, śledczy). Jednak wielu pisarzy będzie również umieścić swój własny spin na tych trzech archetypów.

• Zagadka zostanie w końcu rozwiązana dzięki logicznemu rozumowaniu.

Cechy te są wyraźnie widoczne w powieści Eco, gdy Wilhelm z Baskerville i Adso z Melku początkowo prowadzą śledztwo w sprawie morderstwa popełnionego przed rozpoczęciem narracji, ale zakres ich dochodzenia wkrótce rozszerza się na szereg innych zbrodni. Po serii zwrotów akcji, czyli ciągu morderstw, odkryciu wskazówek i ich dedukcji, w końcu demaskują mordercę.

Imię róży to także powieść historyczna, gatunek, który charakteryzuje się następującymi cechami:

- powieść rozgrywa się w określonym okresie historycznym, który ma tendencję do opisywania go w sposób realistyczny;
- w powieści często występuje mieszanka postaci fikcyjnych i osób, które istniały naprawdę.

Akcja "Imienia róży" rozgrywa się w średniowieczu, na początku XIV wieku. Ważne osoby, do których nawiązuje, w tym papieże i cesarze, a także niektórzy inni główni bohaterowie, tacy jak Bernard Gui i Ubertino z Casale, to prawdziwe postacie historyczne.

Ponadto Eco twierdzi, że jego powieść została zaadaptowana z autentycznego średniowiecznego manuskryptu i opisuje konflikty religijne i polityczne tego okresu z jak największym realizmem. Z drugiej strony okazuje się, że dwie główne postacie są wymyślone przez Eco.

Wreszcie, Imię Róży ma wiele cech *Bildungsroman*. Ten rodzaj powieści śledzi losy młodego bohatera, często w okresie dojrzewania, w miarę jak postępuje on w kierunku dorosłości. Doświadczenia, jakie przeżywają w trakcie opowieści, kształtują ich osobowość, zmuszają do samodzielności, uczą ich o świecie, a także pozwalają na osiągnięcie osiągnięć w danej dziedzinie i zdobycie większej mądrości.

Jak wyjaśnia Adso w powieści, kiedy udał się do opactwa był młodym nowicjuszem. Doświadczenia tam zdobyte oraz wpływ Williama z Baskerville pozwoliły mu rozwinąć umiejętność krytycznego myślenia, odkryć ludzkie namiętności, takie jak miłość, nienawiść, zazdrość i strach, a także lepiej zrozumieć problemy swoich czasów, takie jak herezja i inkwizycja.

Imię róży jest więc powieścią złożoną zarówno pod względem treści, jak i formy: jej hybrydowość, bo łączy w sobie gatunki powieści detektywistycznej, historycznej i *Bildungsroman*, umożliwia wielorakie odczytania i wielorakie interpretacje.

ROLA RELIGII

W średniowieczu religia odgrywała ważną rolę w codziennym życiu zarówno potężnych elit, jak i biedoty. W X i XI wieku klasztory powróciły do rangi ośrodków religijnych, począwszy od założenia opactwa Cluny we Francji. Doprowadziło to do powstania nowych klasztorów w całej Europie. W okresie, w którym rozgrywa się akcja powieści, społeczeństwo idealizowało mnichów, wierząc, że są oni ponad próżnościami świata i żyją tylko po to, by służyć Bogu. Do klasztoru można było wstąpić na dwa sposoby: niektórzy młodzi szlachcice byli umieszczani w klasztorach jako nowicjusze jeszcze w dzieciństwie i zostawali mnichami (tak było w przypadku Adso z Melku), podczas gdy inni wstępowali do klasztorów w późniejszym okresie życia, będąc wcześniej częścią normalnego społeczeństwa.

Życie wspólnotowe było sercem zakonów, z których każdy miał swojego założyciela i swoje własne cechy charakterystyczne. Na przykład niektórzy mnisi wykonywali pracę fizyczną, inni poświęcali się modlitwie i kontemplacji, a jeszcze inni zajmowali się kopiowaniem i konserwacją manuskryptów. Mnisi często podróżowali pomiędzy różnymi klasztorami, co ułatwiało rozprzestrzenianie się idei, a ich stale rosnący poziom erudycji czynił z nich strażników wiedzy.

W tym czasie powstały również pierwsze uniwersytety. Wykładano na nich nie tylko doktrynę religijną (teologię), ale także inne przedmioty, takie jak retoryka, filozofia arabska, prawo i logika. Zaowocowało to nowymi pokoleniami wykształconych, oczytanych mnichów, którzy nie porzucili swojej wiary, ale niekoniecznie szukali boskiego wyjaśnienia wszystkich zjawisk. Na przykład William z Baskerville w pierwszym odruchu szuka racjonalnego wyjaśnienia morderstw w opactwie.

Dwa główne zakony w powieści to franciszkanie i dominikanie, oba były zakonami żebrzącymi (co oznacza, że podróżowali do innych miast i wsi, aby głosić Boże orędzie), które skupiały swoje wysiłki na głoszeniu i nawracaniu. Z czasem jednak między tymi dwoma zakonami wykształciły się istotne różnice:

- Franciszkanie wierzyli w ubóstwo, jak głosił ich założyciel Franciszek z Asyżu (ok. 1182-1226), i odrzucali ideę własności osobistej lub zbiorowej (chociaż później byli zobowiązani do łączenia się we wspólnoty klasztorne);

- Dominikanie mogli gromadzić bogactwa.

Na uniwersytetach szybko rozpowszechniły się dysputy, czyli ćwiczenia retoryczne, które przybierały formę słownych debat między dwiema osobami lub grupami na tematy teologiczne. Debaty te stawały się czasem tak gorące, że prowadziły do niezgody między różnymi ruchami religijnymi, a nawet w obrębie tego samego zakonu.

Na przykład kwestia ubóstwa Chrystusa (czy miał dobra materialne, czy nie) była dla franciszkanów palącym tematem. Choć teoretycznie zakonnicy nie posiadali żadnych dóbr, bo klasztory i ich księgi oficjalnie należały do Stolicy Apostolskiej, w praktyce posiadali przedmioty codziennego użytku, bo mieszkali w klasztorach i używali znajdujących się tam przedmiotów.

W zakonie franciszkańskim pojawiły się rozdźwięki, a papież Jan XXII, o którym wspomina powieść, chciał załatwić sprawę poprzez doprowadzenie do porządku spirytualistów (nazwa nadana najbardziej radykalnym franciszkanom).

Kiedy w 1323 r. Jan XXII potępił naukę o absolutnym ubóstwie Chrystusa, niektórzy franciszkanie połączyli siły z Ludwikiem IV, cesarzem rzymskim (ok. 1282-1347), zagorzałym przeciwnikiem władzy papieskiej. Kryzys religijny miał więc konsekwencje polityczne, a oskarżenia o herezję mnożyły się.

Granica między "różnicą poglądów" a "herezją" jest często bardzo cienka. Ciągle pojawiały się nowe ruchy religijne, każdy z własną doktryną, filozofią i obrzędami. Niektóre z nich zakładały również klasztory, a wszystkie w różnym stopniu przyciągały członków z szeregów zwykłej ludności. To mnożenie się różnych zakonów było postrzegane przez

Kościół jako niebezpieczne, ponieważ sprzyjało podziałom, a nie jedności, więc władze papieskie oficjalnie potępiały wiele zakonów jako heretyckie (tak jest na przykład w przypadku Dolcynów w powieści).

ZAWIROWANIA W XIV W.

W XIV wieku zarówno Europa, jak i chrześcijaństwo przeżywały kryzys: królowie i cesarze czerpali władzę od papieża, ale dążyli do politycznej niezależności. Kłótnia między Filipem IV z Francji (1268-1314) a papieżem Bonifacym VIII (1235-1303) pozostawiła cały kontynent podzielony.

Filip mianował nowego papieża, Klemensa V, który ustanowił swój dwór w Awinionie, podczas gdy dotychczasowy papież pozostał w Rzymie. Każdy z dwóch papieży próbował zdobyć poparcie przywódców politycznych i zakonów, aby wzmocnić swoją legitymację. Wywołało to szeroki wachlarz opinii i odmiennych pomysłów, co doprowadziło do serii ostrych sporów. Kościół katolicki w Rzymie zareagował powołaniem inkwizycji, aby stłumić swoich przeciwników, którzy zostali potępieni jako heretycy.

INTERTEKSTUALNOŚĆ

Intertekstualność można zdefiniować jako sposoby, w jakie tekst łączy się z jednym lub większą liczbą innych tekstów. Te powiązania mogą być skoncentrowane w obrębie opowiadania i narracji (poprzez to, co mówią bohaterowie, świat wokół nich i tak dalej), lub mogą być skierowane bezpośrednio do czytelnika w sposób, który nie wpływa na opowiadanie, na przykład poprzez aluzje, żarty lub wyraźne odniesienia.

Intertekstualność może być postrzegana jako rodzaj gry między autorem a czytelnikiem (czytelnik szuka podpowiedzi rzuconych przez autora, a zrozumienie intertekstualnych odniesień świadczy o jego świadomości kulturowej), ale może też nadawać narracji nowe znaczenia i umożliwiać nowe interpretacje tekstu.

Imię róży jest naszpikowane intertekstualnością: Eco był semiotykiem, lingwistą, historykiem i znawcą języków starożytnych, podobnie jak jego bohater William z Baskerville.

William jest intelektualistą o nienasyconej, wszechogarniającej ciekawości. Oprócz *Poetyki* Arystotelesa, która odgrywa kluczową rolę w opowieści, interesują go inni autorzy ze starożytności, a także współcześni filozofowie, tacy jak Tomasz z Akwinu (włoski teolog, 1225-1274), Roger Bacon (angielski uczony i filozof, 1200-1292) czy Wilhelm z Ockham. Wszystkie te odniesienia służą celowi, ponieważ wskazują, że William z Baskerville podąża śladami tych filozofów i teologów, szczególnie w odniesieniu do jego metodologii i logiki.

Ze względu na średniowieczną scenerię w powieści pojawia się też wiele odniesień do tekstów chrześcijańskich: mnisi dyskutują między sobą, a przy wejściu do każdego pomieszczenia biblioteki wypisane są wersety z Apokalipsy. Odniesienia te są wyraźnie związane z okresem i światem, w którym żyją mnisi (na przykład wersety z Apokalipsy w pomieszczeniach biblioteki odnoszą się do sposobu organizacji biblioteki i znajdujących się w niej książek).

Najbardziej oczywistym elementem intertekstualnym w powieści jest nazwisko jej bohatera, Williama z Baskerville, które przywodzi na myśl nazwiska dwóch mężczyzn, a mianowicie fikcyjnej postaci Sherlocka Holmesa i Williama z Ockham, którzy istnieli naprawdę.

- Imię "William" jest nawiązaniem do angielskiego filozofa Williama z Ockham, którego wolnomyślicielstwo budziło za życia zarówno podziw, jak i strach.

- "Baskerville" nawiązuje do powieści "Pies *Baskervillów*" (1902), której głównym bohaterem jest Sherlock Holmes. Eco chciał stworzyć związek między swoją postacią a Holmesem poprzez ich wspólną metodę prowadzenia śledztwa: obaj mężczyźni zbierają tropy, przedkładają racjonalne rozwiązania nad nadnaturalne wyjaśnienia, myślą spokojnie, by dojść do spójnego rozwiązania.

Ta intertekstualność, która jest widoczna dla czytelnika, ale nie dla bohaterów powieści, pełni inną rolę niż intertekstualność w obrębie narracji. Czytelnik znający powieści Conan Doyle'a szybko wychwyci związek Wilhelma z Baskerville z Sherlockiem Holmesem, a to pozwoli mu lepiej zrozumieć jego działania i refleksje podczas śledztwa.

POWIEŚĆ LABIRYNTOWA

Labirynt, który jest jednocześnie mitem, formą, figurą i symbolem, jest obrazem powracającym w wielu formach sztuki, w tym w literaturze, oraz w wielu dziedzinach nauk humanistycznych. Ze względu na swoją skomplikowaną budowę labirynt jest trudny do pokonania. Pochodzi z mitologii greckiej, gdzie był domem Minotaura i sceną walki potwornego półczłowieka i półbura z Tezeuszem.

Od tego czasu obraz labiryntu stał się ponadczasową, uniwersalną reprezentacją paradoksu lub poczucia zagubienia. Może służyć jako metaforyczne przedstawienie trudności lub niemożności osiągnięcia określonego celu, poczucia rozpaczy, które towarzyszy zagubieniu się w jakimś miejscu, lub nadziei na ucieczkę przed prześladowcą lub antagonistą.

Labirynty w "Imieniu *róży*"

Powieść ta zawiera mnóstwo labiryntowych figur i symboli:

- **Biblioteka:** w sensie przestrzennym układ pomieszczeń ma zmylić zwiedzającego, a w sensie duchowym jest domem zarówno "dzieł oświecających [...] badania" (s. 27), jak i książek zawierających "kłamstwa niewiernych" (s. 29). Czytelnicy muszą zatem umieć odróżnić dobre i złe rękopisy.

- **Świat:** William wyjaśnia Adso, że ludzkość nie jest w stanie zrozumieć logiki świata stworzonego przez Boga, a znaki są jedynymi rzeczami, które pozwalają nam znaleźć drogę.

- **Kontekst historyczny XIV w:** Chrześcijanie skaczą sobie do gardeł, a nowe szkoły myślenia podważają dotychczasowe doktryny religijne. Trudne staje się określenie, kto ma rację, a kto się myli w świecie idei, w którym coraz trudniej się poruszać.

- **Wielowątkowość** fabuły**:** czytelnik śledzi kilka wątków narracyjnych jednocześnie (Kim jest morderca? Gdzie jest książka? Jakie tajemnice kryje biblioteka?).

- **Różne lektury w oparciu o różne gatunki:** czytelnik może wybrać skupienie się na śledztwie detektywistycznym, odniesieniach do postępu naukowego w XIV wieku lub kontrowersjach religijnych epoki (ubóstwo Chrystusa, różne sekty heretyckie itp.), wśród innych elementów.

- **Rękopis Eco:** opowieść przybiera formę *mise en abyme* (przedstawienie dzieła w innym dziele), ponieważ narracja jest rzekomo oparta na rękopisie, który znalazł się w posiadaniu Eco, a sam jest tłumaczeniem oryginalnego rękopisu Adso. Ta technika zmusza czytelnika do zastanowienia się, co jest prawdą, a co fałszem, aby poruszać się po kolejnym labiryncie.

Liczne obrazy labiryntu dodają złożoności Imię Róży.

Symbol labiryntu

W tym rozdziale zajmiemy się symboliką pierwszego i najbardziej oczywistego labiryntu występującego w książce, czyli biblioteki. Labirynt ten zawiera co najmniej trzy metafory:

- Po pierwsze, dla dwójki głównych bohaterów reprezentuje ona trudność w dotarciu do sedna tajemnicy związanej ze zbrodniami popełnionymi w opactwie. Labiryntowy układ biblioteki utrudnia rozwiązanie zagadki, zwłaszcza że trzeba złamać wiele kodów w różnych miejscach. Mimo tych trudności Williamowi i Adso udaje się zidentyfikować sprawcę i ustalić, dlaczego popełnił on morderstwa.

- Ponadto, dla Wilhelma z Baskerville, labiryntowa złożoność organizacji biblioteki może reprezentować fakt, że dostęp do wiedzy jest trudny (a według Jorge z Burgos niebezpieczny): możemy łatwo zabłądzić lub zgubić się na ścieżce do wiedzy. Nie mamy do niej łatwego dostępu (z zewnątrz), ale labirynt może również reprezentować więzienie wiedzy (patrząc od wewnątrz), które jest dostępne tylko dla wybranych. Wreszcie William mówi Adso, że osiąganie większego zrozumienia świata jest procesem chaotycznym.

• Labiryntowa biblioteka to także metafora procesu uczenia się Adso, który bywa skomplikowany: wydarzenia w opactwie uczą go o ludzkich namiętnościach, świecie w ogóle i miejscu, jakie chce w nim zajmować (na przykład po pierwszym doświadczeniu miłości podejmuje świadomą decyzję o wyrzeczeniu się jej). W ten sposób labirynt może reprezentować względną trudność dostępu do rzeczy odległych, świętych i czasem niebezpiecznych, takich jak śmierć, miłość i Bóg. Podróż Adso przez labirynt z Williamem symbolizuje jego wejście w dorosłość i większe zrozumienie świata.

Biblioteka, którą odkrywają William i Adso symbolizuje zatem pozornie nieprzeniknione tajemnice, które ich otaczają, trudności i potencjalne niebezpieczeństwo w dostępie do wiedzy oraz podróż Adso w kierunku zdobycia większej wiedzy. Ogień na końcu powieści symbolizuje koniec ich poszukiwań, niemożność pełnego poznania i zrozumienia świata, a także wejście Adso w dorosłość.

Od momentu wydania *Imię róży* zostało okrzyknięte arcydziełem, w dużej mierze ze względu na szeroki zakres możliwych odczytań. Jest to jednocześnie powieść historyczna, kryminał i *Bildungsroman*, a jej fabuła jest złożona i ściśle skonstruowana. Przemawia zarówno do laików, którzy mogą ją czytać dla rozrywki i relaksu, jak i do bardziej wykształconych czytelników, którzy znajdą się w labiryncie pełnym podwójnych znaczeń i intertekstualnych odniesień. To połączenie erudycji i wartkiej akcji jest niewątpliwie kluczem do nieprzemijającej popularności powieści.

DALSZA REFLEKSJA

KILKA PYTAŃ DO PRZEMYŚLENIA...

* *Imię róży* wykazuje cechy kilku gatunków. Jakie to są gatunki? Wyjaśnij swoją odpowiedź.

* W powieści mnisi spierają się o ubóstwo Chrystusa. Dlaczego ta debata ma miejsce? Kto jest po każdej ze stron? Jakie argumenty wysuwają poszczególni uczestnicy?

* Mnisi wielokrotnie spierają się o śmiech i jego pochodzenie. Jakie teorie i argumenty wysuwane są przez każdą ze stron? Jaką rolę odgrywają te argumenty w opowieści?

* W powieści pojawia się wiele listów. Zidentyfikuj niektóre z nich. Jaki jest ich cel? Jaki efekt chce osiągnąć autor?

* Powieść podzielona jest na dni i godziny modlitwy. Jaki efekt wywołuje ten podział?

* "[Nie wszystkie prawdy są dla wszystkich uszu" (s. 29). Do czego odnosi się ten cytat? Czy według różnych bohaterów wiedza powinna być cenzurowana, czy nie? Co o tym sądzisz?

* W opowiadaniu William mówi: "Często książki mówią o innych książkach" (s. 277). Skomentuj to zdanie w odniesieniu do całości powieści.

- "Bacon miał rację: pierwszym obowiązkiem uczonego jest nauka języków!" (p. 354). Wyjaśnij, w jaki sposób język odgrywa kluczową rolę w opowiadaniu.

- Jakie są opinie różnych bohaterów na temat herezji? Czy Eco stara się zachować neutralność, czy też próbuje wpłynąć na swoich czytelników?

- Po rozmowie z Ubertino Wilhelm mówi: "Mam wrażenie, że piekło to niebo widziane z drugiej strony" (s. 58). Co to oznacza w kontekście powieści?

DALSZE CZYTANIE

WYDANIE REFERENCYJNE

Eco, U. (2004) *Imię róży*. London: Vintage.

ADAPTACJA

Imię róży (The Name of the Rose) (1986) [Film]. Jean-Jacques
  Annaud. reż. Włochy: Neue Constantin Film.

Chcemy usłyszeć od Ciebie, co się dzieje!
Zostaw komentarz na temat swojej internetowej biblioteki
i podziel się swoimi ulubionymi książkami w mediach społecznościowych!

MUST READ

Dlaczego warto wybrać Must Read?

Dowiedz się wszystkiego, co musisz
wiedzieć o książce dzięki naszym zwięzłym i
dogłębnym streszczeniom i analizom!

Odkryj to, co najlepsze w literaturze
w zupełnie nowym świetle!

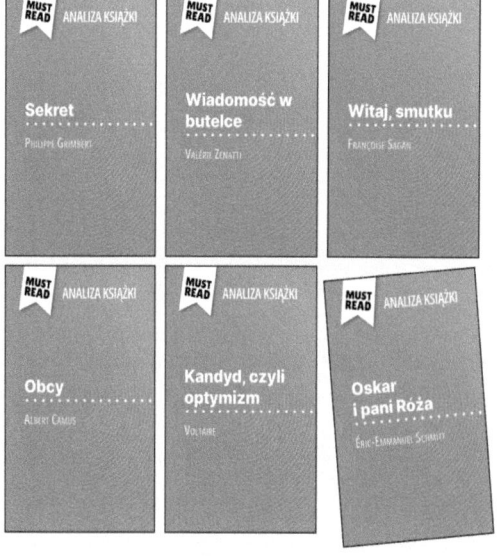

www.50minutes.com

Master ISBN: 9782808694940
Papierowy ISBN: 9782808616348
Depozyt prawny: D/2023/12603/1914

Verhaal: © Primento

Projekt cyfrowy: Primento, cyfrowy partner wydawców.